O coelhinho Mexe-Mexe

O coelhinho Mexe-Mexe

Cecília Rocha e Zaira Silveira

Copyright © 2003 by
FEDERAÇÃO ESPÍRITA BRASILEIRA – FEB

5ª edição – Impressão pequenas tiragens – 2/2024

ISBN 978-85-7328-744-8

Todos os direitos reservados. Nenhuma parte desta publicação pode ser reproduzida, armazenada ou transmitida, total ou parcialmente, por quaisquer métodos ou processos, sem autorização do detentor do *copyright*.

FEDERAÇÃO ESPÍRITA BRASILEIRA – FEB
SGAN 603 – Conjunto F – Avenida L2 Norte
70830-106 – Brasília (DF) – Brasil
www.febeditora.com.br
editorial@febnet.org.br
+55 61 2101 6161

Pedidos de livros à FEB
Comercial
Tel.: (61) 2101 6161 – comercial@febnet.org.br

Adquirindo esta obra, você está colaborando com as ações de assistência e promoção social da FEB e com o Movimento Espírita na divulgação do Evangelho de Jesus à luz do Espiritismo.

Dados Internacionais de Catalogação na Publicação (CIP)
(Federação Espírita Brasileira – Biblioteca de Obras Raras)

R672c   Rocha, Cecília, 1919-2012

       O coelhinho Mexe-Mexe / Cecília Rocha e Zaira Silveira; [Ilustrações Rebouças & Associados]. 5. ed. – Impressão pequenas tiragens – Brasília: FEB, 2024.

       32p.: il. color.; 25cm – (Coleção Lições de vida)

       ISBN 978-85-7328-744-8

       1. Conduta – Literatura infantojuvenil. 2. Literatura infantojuvenil. I. Silveira, Zaira, 1939–. II. Rebouças & Associados. III. Federação Espírita Brasileira. IV. Título. V. Coleção.

                                                          CDD 869.3
                                                          CDU 869.3
                                                          CDE 81.00.00

APRESENTAÇÃO

Com o objetivo de divertir e possibilitar a aquisição de conhecimentos e valores éticos, estamos oferecendo ao público infantil esta coleção de livros de histórias. Esta série, que se destina a crianças de cinco e seis anos, foi escrita em linguagem acessível a este público, com textos curtos, enriquecidos de ilustrações que permitem à criança a visualização e a concretização dos conteúdos apresentados.

Acreditamos que o manuseio destas obras poderá despertar nas crianças hábitos de boa leitura e entendemos que os exemplos de comportamentos morais aqui sugeridos poderão servir de modelo a ser imitado. Consideramos, ainda, que esta coleção de livros auxiliará os pais na seleção de obras infantis que, certamente, irão colaborar com a educação de seus filhos.

As Autoras

Mas o coelhinho Mexe-Mexe não ficava satisfeito com as cenouras que o amigo lhe oferecia!
O que ele queria mesmo era pegar os legumes e as verduras da horta de Branquinho.
— Hum... como devem estar saborosas! — dizia Mexe-Mexe a si mesmo, pensando nas cenouras da horta.
"E as alfaces? E as couves? Depois que as chuvas molharam a terra, elas devem estar bem macias, deliciosas!" — pensava ele.

Então, muito aflito, começou a gritar:
— Socorro, amigo Branquinho! Tire-me daqui, por favor! Eu prometo que não vou mais entrar na sua horta sem a sua permissão! Por favor, me ajude!

E tanto gritou, e tanto pediu socorro... que acabou acordando. Estava suado, cansado e... com muita vergonha do amigo:
— Nunca mais vou mexer nas coisas do meu amigo nem de ninguém sem permissão!

Conselho Editorial:
Jorge Godinho Barreto Nery – Presidente
Geraldo Campetti Sobrinho – Coord. Editorial
Cirne Ferreira de Araújo
Evandro Noleto Bezerra
Maria de Lourdes Pereira de Oliveira
Marta Antunes de Oliveira de Moura
Miriam Lúcia Herrera Masotti Dusi

Produção Editorial:
Elizabete de Jesus Moreira

Revisão:
Mônica dos Santos
Rosiane Dias Rodrigues

Capa, Projeto Gráfico e Diagramação:
João Guilherme Andery Tayer

Ilustrações:
Rebouças & Associados

Normalização Técnica:
Biblioteca de Obras Raras e Documentos Patrimoniais do Livro

EDIÇÃO	IMPRESSÃO	ANO	TIRAGEM	FORMATO
1	1	2003	3.000	20,5x29,0
2	1	2004	3.000	20,5x29,0
3	1	2005	3.000	20,5x29,0
4	1	2006	3.000	20,5x29,0
4	2	2010	1.000	20,5x29,0
4	3	2010	1.000	20,5x29,0
5	1	2012	2.000	20x25
5	2	2014	1.000	20x25
5	Short Run	2022	50	20x25
5	IPT*	2023	50	20x25
5	IPT	2024	85	20x25

*Impressão pequenas tiragens

Esta edição foi impressa no sistema de Impressão pequenas tiragens, em formato fechado de 200x250 mm. Os papéis utilizados foram o Couche Fosco 90 g/m² para o miolo e o Cartão 250 g/m² para a capa. O texto principal foi composto em fonte Amaranth 17/23. Impresso no Brasil. *Presita en Brazilo.*